Irmgard Miller
WAS NICHT ALLES MÖGLICH IST!
Erfahrungen einer Frau in der Seelsorge

Irmgard Miller

Was nicht alles möglich ist!

Erfahrungen einer Frau in der Seelsorge

VERLAG NEUE STADT
MÜNCHEN · ZÜRICH · WIEN

Die Autorin: Irmgard Miller, katholische Diplom-Theologin, Pastoralreferentin, Exerzitien-Begleiterin, Ehe-, Familien- und Lebensberaterin, Konflikt- und Systemberaterin, Heilpraktikerin für Psychotherapie (HPG) und Traumaberaterin, hat jahrzehntelange Praxis in der Krankenhausseelsorge und viel Erfahrung in der Einzelbegleitung von Menschen in unterschiedlichsten Lebenssituationen, mit Fragen und Nöten aller Art.

Irmgard Miller arbeitet auch in einem Seelsorgeteam: **www.erloest-leben.de**

Klimaneutral gedruckt. Weil jeder Beitrag zählt.

2024, 1. Auflage
© Alle Rechte bei Verlag Neue Stadt GmbH, München
Umschlaggestaltung (unter Verwendung eines Fotos
   von Doris Vichtl-Jousma) und Satz: Neue-Stadt-Grafik
Druck: CPI books GmbH, Leck
ISBN 978-3-7346-1344-9

www.neuestadt.com

Vorwort

Wir Menschen sind vernetzt wie nie zuvor in unserer Geschichte. Viele von uns haben Hunderte Freunde und Bekannte in den sozialen Netzwerken und tauschen sich täglich mit anderen in der ganzen Welt aus. Wenn irgendwo in der Welt etwas geschieht, weiß man es Minuten später im ganzen Land, ja sogar auf anderen Erdteilen. Man könnte meinen, dass unser Miteinander in der Menschheitsgeschichte noch nie so gut funktioniert hat wie heute.

Umso erstaunlicher scheint es, dass viele Menschen über Einsamkeit klagen. Es ist offenbar nicht dasselbe, einem Freund in einem Netzwerk zu begegnen oder persönlich mit ihm zu sprechen. Ebenso ist es nicht dasselbe, Abhandlungen über Psychologie oder Pädagogik zu lesen – oder mit sich selbst in gutem Einvernehmen zu stehen.

Woher kommt diese Diskrepanz?

Die Informationen über Internet und die Begegnungen in den sozialen Medien vollziehen sich in der äußeren Schicht unserer Persönlichkeit. Unsere tieferen Kräfte, unsere Gefühle, Sehnsüchte, Bedürfnisse und Fähigkeiten werden davon nicht automatisch angesprochen. Dafür braucht es Zeit sowie eine Atmosphäre der Stille, um sich selber zu begegnen. Und es gibt auch noch ein weiteres Hindernis: Wenn die äußeren Informationen boomen, dann wird der innere Freiraum immer mehr beschnitten, und er ist bei vielen Menschen total verkümmert.

Der heilige Bernhard von Clairvaux schrieb schon im 12. Jahrhundert in seinen Ratschlägen für Papst Eugen III.: „Was nützt es dir, wenn du die ganze Welt gewinnst, aber dich selber verlierst? Wie lange noch willst du ein Geist sein, der ausgeht, aber nicht zurückkehrt?" Er könnte diese Worte gestern oder heute geschrieben haben, so aktuell sind sie.

So sind viele Menschen von der unbestimmten Sehnsucht nach Erfüllung und Selbstverwirklichung getrieben, und doch scheinen sie nicht an ihr Ziel zu gelangen. Ohne Anleitung und Hilfe sind sie dazu vielleicht auch nicht fähig.

Umso wichtiger sind Menschen, die Begleitung auf dem Weg nach innen, zu einem guten

Miteinander und zu Gott anbieten. Hier ist der Platz für eine persönliche Seelsorge, die wichtiger ist als je zuvor in unserer Geschichte.

Frau Irmgard Miller bietet zusammen mit ihrem Team die Möglichkeit zu solchen Begegnungen mit sich selbst, mit den anderen und mit Gott an, und es ist faszinierend zu erleben, wie feinfühlig sie die Bedürfnisse der Menschen erspürt und ihnen zu echter Selbst- und Gottesbegegnung verhilft.

Möge die Lektüre dieses Buches auch Sie, liebe Leserinnen und Leser, inspirieren, sich auf den Weg zu einer tieferen Selbstfindung und zur Neuordnung des Lebens im Lichte des christlichen Glaubens zu machen!

Äbtissin Maria Hildegard Brem,
Abtei Mariastern-Gwiggen

Inhalt

Einführung

Seit 30 Jahren arbeite ich in der Seelsorge, überwiegend in der Klinikseelsorge. Aus meiner Erfahrung kann ich sagen, dass die Seelsorge ein Zeichen der Zeit ist – und auch ein wichtiger Baustein, um die Vertrauenskrise und Glaubwürdigkeitskrise in der Kirche zu überwinden. Denn glaubwürdig ist Kirche da, wo sie im Dienst an den Menschen steht. Wer immer sie sind!

Ich habe sehr viel Herzblut in die Seelsorge investiert und erlebnisreiche und interessante Erfahrungen gemacht: Die Gnade Gottes und das Wirken des Heiligen Geistes waren oft mit Händen greifbar.

„Gnade? Heiliger Geist?", werden einige fragen. „Was heißt das?" Viele können mit diesen Wörtern nicht mehr viel anfangen. Aber das, worum es geht, hat unmittelbar mit unserem Leben zu tun. So möchte ich in diesem Buch von *Erfahrungen* berichten – quer durch verschiedenste Lebenssituationen. Von Erfahrungen, in denen etwas aufblitzt von dem, was Gnade und Heiliger Geist meinen: eine kreative, unvorhersehbare Kraft Gottes für unseren Alltag. Eine Kraft, die Leben verändern kann, selbst da, wo wir nicht damit gerechnet hätten.

In der Klinikseelsorge begleite ich als katholische Theologin Patientinnen und Patienten, Angehörige und manchmal auch Personal. Sterbebegleitung und Kontakte mit Angehörigen gehören dazu. In all den Jahren habe ich erfahren, dass die Patientinnen und Patienten neben körperlichen Erkrankungen häufig auch große seelische Belastungen mitbringen. Diese Nöte sind oft Thema in unseren Gesprächen.

Als Lebensberaterin, Theologin und Exerzitienbegleiterin biete ich in einem Team zudem sogenannte Seelsorgewochen an.[1] Sie eignen sich, um Glaubensfragen und Themen wie Trauer und Sinnsuche in Einzelgesprächen zu bearbeiten. Für eine solche Seelsorge sind fundierte Ausbildungen, etwa in Gesprächsführung, und Kenntnisse über Trauerprozesse und lebensgeschichtliche Phasen notwendig, aber auch das Gebet

1 Mehr unter: www.erloest-leben.de

zum Heiligen Geist. Ja, das Gebet zum Heiligen Geist ist mir in dreißig Jahren Seelsorge zur wichtigsten inneren Führung geworden. Wenn ich etwa zur Krisenintervention gerufen werde, gehe ich in der Regel zu Fuß zur Klinik und bete unterwegs zum Heiligen Geist. Auf diese Weise schicke ich das Gebet voraus für die Menschen, denen ich begegnen werde, für die Situationen, die mich erwarten. Ich spüre, wie sich dadurch meine innere Haltung verändert, wie ich offener werde für das, was auf mich zukommt. Ganz besonders brauche ich den Heiligen Geist, wenn unkonventionelles Handeln gefragt ist, was natürlich erst in der jeweiligen Situation erspürt werden kann.

Wenn Sie die folgenden Seelsorgeerfahrungen lesen, könnte es sein, dass Sie meinen, die eine oder andere Person zu kennen. Doch das ist nicht möglich. Es handelt sich durchweg um wahre Begebenheiten, aber sie sind so verfremdet und anonymisiert, dass eine Identifikation mit lebenden Personen nicht möglich ist. Manche der Personen sind bereits gestorben, und alle Erfahrungen sind datenschutzrechtlich abgeklärt.

Sehr wohl aber kann es sein, dass Sie selbst von dieser oder jener Schwierigkeit bzw. Not betroffen sind. Vielleicht kennen Sie auch ähnliche Situationen aus ihrem Umfeld. Aus meiner langjährigen Erfahrung kann ich Ihnen versichern: *Es gibt keine Lage, die nicht eine im wahrsten Sinne des Wortes wunderbare Wendung nehmen kann!*

Immer wieder konnte ich nur staunen: Was nicht alles möglich ist! Und zwar deshalb, weil für Gott, mit seiner Gnade, in der Kraft des Heiligen Geistes schier *nichts* unmöglich ist (vgl. Lk 1,37; Mk 10,27)!

Möglich wäre, nein: Möglich *ist* auch in unserer aktuellen kirchlichen Lage weit mehr, als wir vielleicht meinen. Trotz aller Krisen, Herausforderungen, Defizite: Erneuerung ist möglich – wenn wir uns dem Wirken des Geistes nicht in den Weg stellen. Wenn wir in der Seelsorge ganz konkret bei den Menschen sind.

Gerade die Frauen hätten, nein: sie *haben* da sehr viel zu geben! Auch für die so notwendige, Not-wendende Kirchenerneuerung! Dieses Buch möchte auch dazu beitragen.

Pfingsten 2024
Ihre
Irmgard Miller

Auf den Heiligen Geist hören

Im Alltag der Klinikseelsorge gibt es eine Fülle von Aufgaben und Anfragen. Da wird man zu jemandem gerufen, da kommen Fragen oder Informationen vom Personal, von Angehörigen und Freunden; auch Routinebesuche und vieles andere gehören dazu.

Manchmal wendet sich das Stationspersonal an mich, wenn eine bestimmte Person Gesprächsbedarf zu haben scheint. Oder Angehörige sprechen mich an ... Nach Möglichkeit besuche ich dann die betreffenden Patientinnen und Patienten und vergewissere mich, ob sie ein Gespräch wünschen. Schon oft haben mir dabei das Gebet zum Heiligen Geist und meine Intuition geholfen.

Einmal hatte ich beim Durchlesen einer Patientenliste plötzlich den Eindruck, ich sollte eine bestimmte Patientin besuchen. Ihr Name sagte mir nichts, noch gab es irgendwelche Auffälligkeiten. Aber da war dieses „Gefühl" ... Ich war noch auf Station. Es war spät geworden, ich war müde und wollte nach Hause. So habe ich mir die „blöde Idee", noch diesen Besuch zu machen, ausgeredet und den inneren Kampf zwischen Tun und Lassen beendet.

Am nächsten Tag war die Patientin verstorben.

Der eine oder die andere mag es für Zufall halten: So etwas kann halt passieren. Ich aber bin überzeugt: Ich hatte nicht auf einen inneren Impuls, einen Impuls des Heiligen Geistes gehört. Manchmal spürst du: Das solltest du jetzt tun – und du tust es nicht … Berechtigterweise machte ich mir Gewissensbisse. Es war schwer für mich. Ich konnte die Situation nicht zurückholen, ich hatte den rechten Zeitpunkt verpasst. Es hat mir zu denken gegeben.

* * *

Die Kraft der Vergebung, die Gott uns immer anbietet, half mir mit der Zeit aus meiner Beklemmung heraus. Und sie half mir auch, mir selbst zu vergeben. Auch das ist wichtig. Wenn ich einer verpassten Gelegenheit zu lange nachtrauere, verpasse ich womöglich die nächste. Geblieben ist mir jedenfalls der Wunsch, hellhörig zu sein für Impulse, die ich im Innern spüre.

Druck macht
den Menschen unfrei

Frau L., gerade mal 17 Jahre alt, erzählte mir, dass ihr Freund sie verlassen habe, weil sie schwanger sei. Seine Eltern machten ihr heftige Vorwürfe: Sie zerstöre die Karriere ihres Sohnes; er sei mitten im Studium und könne sich doch jetzt keinen Job suchen, um für den Unterhalt eines Kindes zu sorgen! – Von der Mitverantwortung des Sohnes war übrigens keine Rede.

Die junge Frau stand massiv unter Druck. Sie dachte an eine Abtreibung.

Ich vermittelte ihr Hilfen, Beratung, bot ihr Unterstützung bei der Wohnungssuche an ... – entscheiden musste sie selbst.

Nachdem wir tatsächlich eine erschwingliche Wohnung gefunden und lange über das Für und Wider einer Abtreibung gesprochen hatten, entschied sie sich nach reiflicher Überlegung schließlich für das Kind: „Eigentlich möchte ich das Kind! Ich war nur so unter Druck."

Sobald ihr der Druck ein wenig genommen war, war sie imstande, wahrzunehmen, was sie selbst eigentlich wollte, um sich entsprechend zu entscheiden.

* * *

Druck kann von vielen Seiten kommen. Von außen: von anderen Menschen oder durch äußere Umstände. Aber auch von innen: durch Erwartungen an mich selbst, durch Vorprägungen und feste Vorstellungen. Es tut gut, im Gespräch nach Wegen zu suchen, die einem den Druck nehmen. Denn damit ein Mensch sich frei entscheiden kann, braucht er einen freien Resonanzboden.

Zu viel Druck verhindert, dass ich auf mein Inneres hören kann. Druckentlastung bringt Freiheit in meine Entscheidungen!

Es tut gut, mich zu fragen: Was „be-drückt" mich? Welchem Druck bin ich ausgesetzt, welchen Druck mache ich mir? – Und was oder wer könnte mir helfen, davon freier zu werden? Freier, um hinzuhören, was gut ist, was dran ist, was ich eigentlich möchte.

Wo das passiert, wo Menschen sich dabei helfen und helfen lassen, geschieht wirkliche Seel-Sorge.

Auf die gleiche Ebene gehen

Ich denke an Frau A., etwa 40 Jahre alt. Ohne jede Vorwarnung, wie aus heiterem Himmel hatte sie ihren Mann verloren. Es war ein Unfall gewesen. Alle Wiederbelebungsversuche waren erfolglos.

Tobend und schreiend lag die Frau in der Klinik auf dem Boden und ließ sich durch niemanden beruhigen. Weder Ärzte noch Psychologen konnten sie innerlich erreichen. Eine Krankenschwester holte mich abends um halb neun. Ich war ebenso hilflos und unsicher wie die ganze erfahrene Crew.

Der Arzt saß auf einem Stuhl neben der am Boden liegenden Frau und versuchte beruhigend auf sie einzureden. Es half nichts. Da kam mir der Gedanke, dass ich mich zu der Frau *auf den Boden* setzen musste: Nur „auf der gleichen Ebene" würde ich ihr zeigen können, dass ich bei ihr bin, um ihrer Verzweiflung Raum und Halt anzubieten. Ganz behutsam fand ich eine Verbindung zu ihr, und es dauerte nicht lange, da klammerte sie sich an mich und konnte bitterlich weinen. Stunden später war es ihr möglich, sich von ihrem Mann zu verabschieden. Sie wünschte sich noch einen Segen, nachdem sie zuvor Gott und die Welt beschimpft hatte – auch das darf, ja muss manchmal sein: Die Psalmen sind voll von solchen Klagen und Anklagen.

Nachts um zwei hatte sich die Situation beruhigt.

Frau A. stand immer wieder vor meiner Haustür und suchte das Gespräch mit mir. Wir hatten fast zwei Jahre losen Kontakt.

* * *

In meiner Hilflosigkeit betete ich zum Heiligen Geist, und plötzlich kam mir der Gedanke, mich zu der verzweifelten Frau auf den Boden zu setzen.

Auf die gleiche Ebene gehen und bereit sein, unkonventionell zu handeln, das war der Türöffner in dieser Situation. Es kann so wichtig sein, nicht im Gefühl der Hilflosigkeit oder in eigenen Ängsten hängenzubleiben, sondern sich mutig und einfühlsam auf die Ebene des anderen zu begeben.

Der Körper vergisst nicht

Herr N., 40 Jahre, verheiratet, hochsensibel, kirchlich engagiert, hatte einen langen Weg hinter sich. Eine Therapie hatte Erfolg gehabt, die schleichende Suchtproblematik hatte er inzwischen ganz gut im Griff. Aber er suchte auch eine spirituelle Begleitung. In unseren Gesprächen stellte sich heraus, dass er auch ein geistliches Problem hatte, eine Last, unter der er sehr litt und die er nicht losbrachte. Neben anderen Faktoren stand auch das im Hintergrund seiner Suchtproblematik.

Eigentlich wollte er die Sache gerne mal – eine Seltenheit heute – in einer Beichte vor Gott tragen. Aber er hatte eine innere Sperre. Bei aller Wertschätzung der Priester verschlug es ihm im Beichtgespräch buchstäblich die Sprache: Er brachte kein Wort heraus. Mit Willensanstrengungen sei es nicht getan, meinte er, im Gegenteil, so verkrampfe er sich nur noch mehr, und hinterher sei er ganz fertig. Auf der Suche nach

Entspannung, so erzählte er, sei der Griff zur Flasche nicht weit weg gewesen. Hinzu kam eine Ehekrise.

Nun nahm er an einer Seelsorgewoche teil, um mehr innere Klarheit zu finden. Wo lag wohl die Wurzel seiner inneren Not und Blockade?

In den Gebetszeiten kam ihm unvermittelt wieder eine Begebenheit aus seiner Jugend in den Sinn. Wir erleben das immer wieder: Gerade in Zeiten der Stille kann uns der Heilige Geist auf Dinge aufmerksam machen, die wir gewöhnlich übersehen, die wir verdrängt oder vergessen haben.

Als 15-Jähriger war er, wie seinerzeit üblich, mit der Schulklasse zur Beichte in der Kirche. Ich ließ mir die Situation genauer beschreiben. Unter den Schülerinnen und Schülern ging es vor der Beichte lustig zu; die Kinder blödelten, ihn aber beschäftigte eine Frage, die ansonsten tabu war. Es ging, was nahelag, um die Sexualität, und es kostete ihn einige Überwindung, die Sache vor dem Pfarrer anzusprechen. Doch der … lachte, ohne wirklich auf die Frage einzugehen. Der Jugendliche fühlte sich in keiner Weise ernst genommen.

Der Pfarrer hatte weder gemerkt, wie wichtig die Frage für den Teenager war, noch, wie sehr er ihn mit seiner Reaktion enttäuscht und verletzt hatte. Als ich den Mann bat, seine Gefühle näher zu beschreiben, zeigte sich, wie tief die Sache ging. Er fühlte sich geringgeschätzt, abgewertet, verlacht. Es hatte ihn nachhaltig im Kern getroffen, obwohl es um eine scheinbar kleine Frage ging.

Man muss sich in die Situation einfühlen. Da ringt sich ein junger Mensch dazu durch, zu beichten (leicht war das auch damals nicht!), noch dazu in einem Beichtstuhl. Es kostet immer einige Überwindung, über Nöte, Fragen und Unsicherheiten zu sprechen. Und dann das …

Gerade in diesem Sich-Öffnen können Worte, Blicke, ein unangebrachtes Lachen sehr weh tun und verletzen.

Und was tat der junge Kerl danach? Er versuchte sich zu schützen, damit so etwas nie wieder passiert. Kaum heraus aus dem Beichtstuhl, schwor er sich: „Ich gehe nie wieder beichten!" Verständlich. Die Verletzung saß tief, eine Blockade hatte sich in Leib und Seele festgesetzt. So sehr, dass es ihm die Sprache verschlug, als er Jahre später doch mal wieder beichten wollte.

Jener Pfarrer war längst verstorben, in der Gefühlswelt des 40-Jährigen aber lebte er untergründig weiter. Ich riet ihm, einen Brief an den Pfarrer zu schreiben: „Nennen Sie die Verletzung und die fehlende Einfühlsamkeit beim Namen! Und auch, was die Verletzung mit Ihnen gemacht hat!"

Da kam vieles in Bewegung. Indem er es aufschrieb und an denjenigen adressierte, der an ihm schuldig geworden war, nahm er sich selber ernst.

Nach vielen Gesprächen konnte der Mann übrigens auch den zwischenzeitlich vergessenen Beschluss ganz bewusst zurücknehmen, nie mehr beichten zu gehen. Er hatte sich selbst die Freiheit genommen, war gefangen gewesen durch jenes schlimme Erlebnis. Mit der neu gewonnenen Distanz und Freiheit fand er auch die Sprache wieder.

Inzwischen hat er übrigens auch gelernt, einem Pfarrer zu widersprechen.

* * *

Seelsorge beinhaltet immer auch eine große Verantwortung. Sie geht nicht von sich aus, sondern vom anderen; sie braucht das Sich-Einfühlen. Dabei haben auch vermeintliche Kleinigkeiten eine große

Bedeutung. Seelsorge darf nicht oberflächliches Zuhören sein, sonst fühlt sich das Gegenüber nicht ernst genommen, womöglich gar verletzt. Auch die nonverbale Kommunikation wie Gestik und Mimik gehört dazu und ist nicht zu unterschätzen.

Fehlende Einfühlung ist ein Widerspruch zur zärtlichen Liebe Gottes, die uns – auch in den Sakramenten – im Innern erreichen möchte.

Entbindung ins eigene Ich

Herr O., verheiratet, 48 Jahre alt, kam zum Seelsorgeseminar. Er litt darunter, dass er anders war, als er sein wollte: Er fühle sich zu weich, er arbeite hart, habe Karriere gemacht, aber froh sei er nicht. Jetzt stehe er kurz vor einem Burnout.

Im gemeinsamen Anschauen seiner Lebensgeschichte zeigte sich, dass dieser warmherzige und gefühlvolle Mann von seinem Vater als Kind keine Wertschätzung erfahren hatte: Er war ihm „zu weich". Der Vater wollte einen harten Sohn.

Um seinem Vater zu beweisen, dass auch er „ein harter Mann" sein kann, hat er dann hart gearbeitet, Karriere gemacht, Häuser gebaut … Unbewusst versuchte er die ganze Zeit, Anerkennung von seinem Vater zu bekommen.

Auch die Ehe gestaltete sich schwierig. Die Frau warf ihm vor, dass er sich nicht von seinen Eltern gelöst habe, was ihn noch mehr in die Flucht trieb. Irgendwann in der Lebensmitte geriet er in eine tiefe Krise. „Ich werde euch beweisen, dass ich ein harter Mann bin!", diesem inneren Beschluss war er 20 Jahre lang gefolgt; doch jetzt hatte er keine Lust mehr, war ausgebrannt und erschöpft.

In behutsamen, intensiven Gesprächen wurden ihm die Zusammenhänge klar. Vor allem aber wurde ihm bewusst, wie wertvoll er als Person und eben auch als Mann ist: Er konnte ganz Ja zu sich sagen, gerade auch mit seinen gefühlvollen, weichen Seiten. Wie viele Frauen träumen von solchen Männern!

Nach zwei Jahrzehnten ist ihm aufgegangen, dass er das ständige Sich-beweisen-Müssen dem Vater gegenüber loslassen muss – und darf: Er hat es nicht nötig, um die Anerkennung des Vaters zu buhlen.

Noch hat er eine mächtige Wut auf den Vater, die zum Ausdruck kommen will. Es wird Zeit und Zeichen brauchen, bis die „emotionale Nabelschnur" zum Vater ganz durchtrennt ist und eine tiefergehende Heilung und Befreiung in Gang kommen kann. Aber er weiß: „Ich bin ich – und es ist gut so!" Er kann sich sagen: „Es ist gut, wie ich bin als Mann. Ich bin froh, ein warmherziger und gefühlvoller Mann zu sein."

* * *

Manchmal wollen wir jemand anderes sein, als wir sind. Doch auf unserem Original liegt Segen! Und nicht auf irgendeiner Kopie, die so oft alle möglichen Erwartungen und Aufträge seitens der Eltern, Verwandten usw. widerspiegelt.

Natürlich ist es häufig nicht leicht, „ich selbst" zu sein. Es ist ein Weg, ein Prozess, ein Werden. Dabei hilft es, uns bewusstzumachen, was uns insgeheim antreibt und treibt. Wenn wir im Wunsch nach Anerkennung durch unsere Über-Ich-Träger hängenbleiben, verfangen wir uns in Unfreiheit. Notwendig ist eine „Entbindung ins eigene Ich".

Vergessen wir nicht: Gott will Originale; darauf liegt Segen – und Freiheit!

Selbstvorwürfe

Eine erfahrene Erzieherin, Frau B., kam zu mir und erzählte mir ihre jahrelange innere Not, aus der sie nicht herausfand. Vor 21 Jahren war ein Bub am Ende der Kindergartenzeit, während der Abholzeit durch die Eltern, unbeobachtet vor die Tür gerannt. Er lief in ein Auto und war tot. Die Erzieherin hatte den lebhaften Jungen nicht bis zur Tür begleitet, es waren zu viele Kinder da, es ging alles ganz schnell.

Die Eltern gaben der Erzieherin keine Schuld; der Junge war wild und lebhaft. Die Vorgesetzten entlasteten sie, der Pfarrer tröstete sie, indem er sie von ihrem Schuldgefühl freisprach, doch die Entlastung hielt nicht an. Alle meinten es gut, sie selbst aber wurde mit der Situation nie wirklich fertig. Eine Abwärtsspirale kam in Gang. Sie kam in die Psychiatrie, unternahm mehrere Versuche, sich das Leben zu nehmen. Therapeutische Hilfe brachte etwas Besserung, aber letztlich kam sie nicht aus ihren Selbstvorwürfen heraus.

In einer Seelsorgewoche kam ich mit ihr ins Gespräch. Wir rollten die ganze Situation nochmals bis ins Detail neu auf. Die Erzieherin gab sich immer noch die Schuld am Tod des Jungen. „Ich hätte den Jungen bis zur Tür begleiten müssen! Eigentlich hätte ich ..." Gewiss, es war ihr praktisch nicht möglich, und doch weiß sie: „Hätte ich den Jungen begleitet, wäre es nicht passiert." Das Empfinden, irgendwie doch „mitschuldig" zu sein, blieb. Ich habe ihr diese von ihr empfundene (wenn auch noch so begrenzte) Mitschuld nicht vorschnell ausgeredet, sondern versucht, sie ernst zu nehmen. Es mag paradox klingen, aber gerade das entlastete sie allmählich.

Vergeben werden kann nur jemandem, der zuvor für *schuldwürdig* erklärt wurde. Wem jede Möglichkeit, (mit-)schuldig zu sein, ausgeredet oder abgesprochen wird, dem kann nicht wirklich vergeben werden. Gleiches gilt für einen selbst: Mir selbst etwas vergeben kann ich nur, wenn ich Schuld empfinden und annehmen kann. Das Wissen um diesen Zusammenhang ist nicht *be*-lastend, sondern *ent*-lastend: Schuld zu empfinden und dies zuzulassen, kann Blockierungen lösen und damit ganz wichtig sein für den weiteren Weg.

Die Vermittlung eines ausführlichen Beichtgesprächs brachte der Erzieherin dann eine noch tiefere Entlastung: Beichte ist Lossprechung von aller Schuld im Namen Jesu.

Die Erzieherin hat ins Leben zurückgefunden und sich neu für das Leben entscheiden können. Ich habe zu ihr immer wieder Kontakt und freue mich, dass sie trotz ihrer „Lebenskatastrophe", dem Tod eines ihr anvertrauten Kindes, inneren Frieden gefunden hat.

* * *

Damit sich die innere Not, die durch das Empfinden von Schuld entsteht, wenden kann, braucht es mehr als ein rasches Freisprechen von aller Schuld. Denn es gehört zu unserer tiefsten Würde als Menschen, dass wir – so begrenzt unsere Handlungsspielräume auch sein mögen – Verantwortung übernehmen können für unser Handeln oder Nicht-Handeln.

Vergebung kann geschehen und greifen, wenn die Person vorher für schuldwürdig erklärt wird, wenn ihr zugestanden wird, dass sie sich schuldig fühlt. Oft ist es ein erster, wichtiger Schritt, um aus Blockierungen herauszukommen.

Wirkliche Vergebung nimmt den Menschen und seine Freiheit ernst: Sie befreit den ganzen Menschen in seiner ganzen Würde.

Vergessenes Heilssakrament

Eine Mutter, Frau K., 71 Jahre alt, kam immer wieder in die Klinik mit Herzbeschwerden, mit „Druck auf dem Herz", wie sie sagte. Und jedes Mal die gleichen Untersuchungen, doch wirkliche Ursachen wurden nicht gefunden …

In verschiedensten Seelsorgegesprächen kristallisierte sich ein möglicher Zusammenhang zwischen dem Suizid der Tochter und ihren Herzbeschwerden heraus. Die Mutter sagte: „Ich kann nicht mehr weinen, seit meine Tochter ins Wasser gegangen ist." Es war ein Schock gewesen – mit einer nachhaltigen Schockstarre.

Medikamente brachten zeitweilig eine gewisse Linderung, lösten aber auf Dauer nichts. Gespräche entlasteten, konnten aber auch nichts nachhaltig lösen. Auch unsere Gespräche nicht. Das Geschehene drückte auf ihr Herz, immer wieder, es war wie bei einer chronischen Erkrankung, die man einfach nicht los wird.

Irgendwann kam mir die Idee der Krankensalbung. Ich bat die Mutter, „den Schock", von dem sie sprach, als sei es gestern gewesen, bei der Krankensalbung innerlich hinzuhalten. Ich sagte ihr: „Gebet ist kein Automatismus, auch das Sakrament der Krankensalbung ist es nicht, aber es ist ein Versuch, um Heilung zu bitten."

Während der Krankensalbung bekam die Frau einen Weinkrampf: Jetzt flossen die Tränen, die viel Spannung abfließen ließen. Für sie war es ein wichtiger Moment: Endlich konnte sie ihren Trauerweg auf eine neue Weise weitergehen.

* * *

In der Erinnerung vieler Menschen ist das Sakrament der Krankensalbung immer noch „die Letzte Ölung", das Sterbesakrament. Sein eigentlicher Sinn aber liegt darin, Heilssakrament zur Stärkung in einer Krankheit zu sein.

So hatte in der geschilderten Situation die Krankensalbung eine heilende, lösende Wirkung. Vielleicht könnten wir öfter an diese Kraftquelle denken: Sie ist nicht nur ein Sakrament für die letzte Lebensstunde!

Nicht zu spät ...

Frau T., 36, kam ebenfalls öfter mit Herzbeschwerden. Die Medikamente halfen nur punktuell. Im Gespräch ergab sich, dass womöglich gar nichts Organisches die Ursache war. Jedenfalls hatte die Frau große Schwierigkeiten in der Familie, die sehr auf ihr lasteten. Sie erzählte, dass die Schwiegermutter sich immer wieder in die Ehe einmischte, in Entscheidungen, in die Kindererziehung, sogar in die Urlaubsplanung.

Ihr Mann stand nicht zu ihr, sie kam immer wieder unter Druck, sie traute sich nicht, Nein zu sagen und der Schwiegermutter zu widersprechen. Ähnliche Situationen wiederholten sich regelmäßig. Es wurde ihr buchstäblich „eng ums Herz".

Irgendwann starb die Schwiegermutter. Doch die Probleme blieben: Es war, als wäre sie weiter da, als kommentiere sie dieses und jenes, als mische sie immer noch mit ... Ich ermutigte die Frau, ans Grab der Schwiegermutter zu gehen und ihr mal die Meinung zu sagen: Jetzt war die Schwiegermutter ja endlich still und musste zuhören! – Das mag ein wenig heftig klingen, aber der Frau half es, ihre jahrelang „verschluckte Wut" herauszulassen. Endlich sagte sie der Schwiegermutter, dass es nicht recht war, sich in die Ehe und alle möglichen Familienangelegenheiten einzumischen. Es war nicht zu spät, der Schwiegermutter entgegenzutreten. Der Entlastungsweg für das Herz begann.

* * *

Gott will keine Ja-Sager. Es braucht das Ja und das Nein! Und es braucht Ermutigung und Unterstützung zur rechten Zeit, damit jemand, der sich damit schwertut, lernt, Nein zu sagen, um nicht länger verletzt zu werden.

Als Seelsorgerin konnte und wollte ich kein frommes Vergebungspflästerchen auf das übergriffige Verhalten der Schwiegermutter draufkleben. Ich konnte der Schwiegertochter dabei helfen, Mut zur Wahrheit zu zeigen. Denn nur die Wahrheit befreit. Geschehenes Unrecht musste beim Namen genannt und laut ausgesprochen werden.

Es ist gut, das möglichst früh zu lernen. Aber diese Episode zeigt: Es ist nie zu spät.

„Wir bleiben
für immer zusammen"

Frau D., 63, wurde immer schwermütiger und trauriger. Es wurde ihr immer kälter. Von verschiedensten Ärzten wurde sie behandelt, auch psychiatrisch.

In Gesprächen in der Klinik sagte sie mir: „Ich habe das Gefühl, mein verstorbener Mann ist hier." Nun, so etwas empfinden viele, und es kann etwas sehr Schönes und Tröstliches sein. Aber irgendwie war die Frau seltsam, und so, wie sie das sagte, klang es merkwürdig. Psychisch krank war sie nicht, bestätigten mir die Therapeuten.

Die „Präsenz" ihres verstorbenen Gatten war irgendwie ein Problem. Im Laufe der vielen Gespräche erfuhr ich, dass das Ehepaar in bester Absicht das Eheversprechen für sich abgeändert hatte. Nicht *bis dass der Tod uns scheidet*, sondern: „Wir bleiben für immer zusammen." Dieses Versprechen hatte ihr im Leben viel Halt und Sicherheit gegeben, aber jetzt war es mit ganz anderen Gefühlen verbunden: Es hatte etwas Quälendes,

Beängstigendes; es war beklemmend, wie die Frau ihren toten Mann innerlich festhielt.

Ich schlug der Frau vor, dieses „Versprechen über den Tod hinaus" zurückzunehmen. Sie ließ sich darauf ein, das auch auszusprechen. Für sie war es eine Hilfe, ihren toten Partner freizugeben und ihn in einem laut gesprochenen Gebet Gott zu übergeben.

Die Wirkung war verblüffend: Die körperlichen Symptome nahmen tatsächlich ab, die Atmosphäre um sie war freier und das Gefühl der Kälte, diese „Todeskälte", ist von ihr gewichen.

Den „eigentlichen" Beerdigungsgottesdienst haben wir dann nachgeholt: Beerdigung im christlichen Sinne meint ja, den Toten in die Hände Gottes zu geben.

* * *

Worte haben Macht. Das gilt auch für noch so gut gemeinte Versprechen, besonders für „Versprechen über den Tod hinaus". Doch auch diese können zurückgenommen und gelöst werden. Man kann von ihnen entbunden werden, um frei zu werden: frei von einengenden Bindungen an einen Verstorbenen. Auch das Gebet kann helfen, von unguten Bindungen frei zu werden.

Nicht Schein,
sondern Sein

Ein Ordenspriester, Herr K., 45 Jahre alt, hochbegabt und redegewandt, liebte das Bad in der Menge, die Herzen flogen ihm zu, Auftritte vor großem Publikum waren kein Problem, im Gegenteil: Er liebte die Bühne.

Nach 18 Jahren Dienst war er völlig erschöpft. Er war so unruhig, dass nur ein Gespräch im Gehen möglich war. Es war nicht zu übersehen, dass er Angst hatte: Angst, verurteilt zu werden.

Er hatte eine verdeckte Beziehung mit einem Mann, der ihm mit Suizid drohte, falls er wie beabsichtigt die Beziehung beenden würde. In unseren Gesprächen sagte der Priester mir, er habe sich nie wirklich mit dem Zölibat auseinandergesetzt. Er hatte vielfältige Begabungen, aus denen er schöpfen konnte und mit denen er seinen Dienst „gut händeln" konnte. Vieles in seiner Lebensgeschichte hatte er nie wirklich angeschaut. Besonders in seiner Vaterbeziehung gab es viel aufzuarbeiten. Die Auseinandersetzung mit all dem war kein leichter Weg für ihn, aber er hat sich gelohnt: Er hat aus seinen Sackgassen herausgefunden.

Später konnte er sagen, dass er sich im Laufe dieses Prozesses zum ersten Mal wirklich für den Zölibat entschieden habe. Er ist Priester geblieben.

Heute begegnet man einem reifen Mann. Sein „Showgehabe" ist nicht mehr im Vordergrund, seine Talente aber kann er in vielen Situationen und auf vielfältige Weise fruchtbar werden lassen. Ohne „eine Rolle" zu spielen: Er kann sich einbringen mit seinem ganzen Sein.

* * *

Gott sucht den ganzen Menschen – den Mann, die Frau. Gott will keine „Schauspieler", die eine Rolle spielen, er will nicht nur den „Dienst", sondern den Menschen als Ganzen. Das heißt nicht, dass wir perfekt sein müssten. Aber wahrhaftig. Aufbruch, Wachsen und Reifen gehören dazu!

Gott geht es um unsere Menschwerdung, um die Mann- und Frau-Werdung, um menschliche und geistliche Reife – in jeder Berufung.

In Frieden sterben

Frau M., 81 Jahre alt, bekam einen Alterswahn, was nicht selten ist. Schlimm war, dass sie sich in ihren Wahnvorstellungen für „Judas, den Verräter" hielt. Sie wiederholte unentwegt ihre Leier: „Mir kann niemand mehr verzeihen. Ich bin verloren. Keiner kann mir helfen. Ich bin der Judas."

Die Frau war auf Station fast nicht mehr auszuhalten. Die Medikation blieb eine Gratwanderung, alle psychologische und seelsorgerische Begleitung und endlose Gespräche brachten nichts. Auch ich habe vieles probiert, alles erfolglos. Der Pfarrer gab ihr die Krankensalbung, die Lossprechung, den Segen – die Patientin war innerlich nicht zu erreichen.

Ich bot ihr andere Identifikationsfiguren an, zum Beispiel den Petrus. Auch der hatte Jesus verraten, war aber umgekehrt. Es half nichts, die Frau identifizierte sich weiterhin mit Judas, worunter sie selbst grausam litt.

In solchen Situationen, in denen ich mit meinem Latein am Ende bin, bete ich in Stille umso intensiver zum Heiligen Geist.

Irgendwann kam mir die Idee, die Frau in ein anderes Zimmer zu bringen, wo wir ungestört waren. Dort gestaltete ich zusammen mit dem Priester für sie allein eine ganz ausführliche, ganz persönliche Krankensalbungsfeier, sehr langsam, mit vielen Zeichen, mit Friedensgruß und Handauflegung, mit Musik, mit großer, auffälliger Stola usw., in der Hoffnung, dass sie vielleicht etwas wahrnimmt. Es war eine Feier wie in Zeitlupe. Eine Stunde ganz für sie.

Und tatsächlich: Sie wurde ruhiger. Am Ende hörte sie auf mit den Judasrufen und der Selbstanklage.

Wir konnten es alle kaum fassen, auch nicht die Mitarbeiterinnen und Mitarbeiter der Station. Wir vereinbarten, die Segensfeier zu wiederholen, wenn es tatsächlich für ein paar Tage Entlastung bringen sollte.

Dazu kam es nicht. In der darauffolgenden Nacht konnte die Frau ganz ruhig heimgehen.

* * *

Manchmal gibt uns der Heilige Geist zu verstehen, was wir selbst oder andere Menschen für den ganz persönlichen (Heils-)Weg brauchen.

Auch Heilszeichen wie die Salbung von Kranken brauchen manchmal eine individuelle Ausgestaltung bzw. „Übersetzung"! Da ist Hinhören gefragt – und gegebenenfalls auch mal ein unkonventionelles Handeln.

Den inneren Frieden
gibt's nicht zu kaufen

Herr L., Anfang 50, erfolgreicher Rechtsanwalt, Hodenkrebs im Endstadium.

Er deckte immer wieder seine Bettdecke auf und baggerte die Krankenschwestern an. Die Atmosphäre in diesem Krankenzimmer war schrecklich. Ich wollte nicht dorthin, wurde aber vom Chefarzt zu dem Patienten gerufen.

Den Pfarrer hatte dieser bereits aus dem Zimmer geworfen. Er liebte Gespräche, am liebsten philosophische und spirituelle. Eine spannende Mischung, von allem etwas, ein bisschen Esoterik, etwas von allen Religionen, den Papst fand er toll … Er habe sich immer kaufen können, was er wollte, sagte er. Jahrelang habe er „bestellte, gekaufte Frauen" gehabt.

Jetzt war er wahnsinnig unruhig. Er konnte keinen inneren Frieden finden. Nach mehreren Besuchen bei ihm meinte er plötzlich, er wolle bei mir beichten. Ich sagte, wir könnten beten, wir können alles zu Jesus bringen, aber beichten könne er bei mir nicht. Ich fand einen Priester, der bereit war, sich Zeit für den Mann zu nehmen. Im Gespräch mit dem Patienten bereitete ich seine Lebensbeichte vor. Nach der Beichte sagte der Priester zu mir: „So einen dicken Fisch hatte ich noch nie!" Der Patient fand durch die Beichte tatsächlich einen tiefen inneren Frieden, der ihn in den letzten Wochen seines Lebens begleitete. Ich sagte ihm, etwas Wichtiges fehle noch: die Krankenschwestern um Verzeihung zu bitten und ihnen noch etwas Gutes zu tun! Er hatte die Demut, sich seinen Grenzüberschreitungen zu stellen, um Verzeihung zu bitten und konkrete Schritte der Umkehr zu gehen. Die Atmosphäre in dem Zimmer wurde anders, man konnte durch- und aufatmen.

* * *

Selbst in die verfahrenste Situation kann Gott Eingang finden; durch die Kraft der Versöhnung kann er in das menschliche Herz inneren Frieden bringen – etwas, was wir selbst nicht machen und schon gar nicht kaufen können. Gottes Gnade war mit Händen zu greifen: Dass sich diese Situation, die Atmosphäre dort so verändern könnte, hätte ich mir nie und nimmer vorstellen können! Ich würde es nicht glauben, wenn ich es nicht selbst erlebt hätte.

Ungelebte Trauer
versperrt Zukunft

Fabienne, 24, verheiratet, hatte über eine Bekannte Kontakt mit mir aufgenommen. Sie war irgendwie innerlich blockiert, empfand keine rechte Freude. Eine Paartherapie hatte nicht weitergeholfen, Psychopharmaka hellten zwar ihre Stimmung auf, aber damit wollte sie sich nicht zufrieden geben. Ob sie wirklich 600 Kilometer Anreise auf sich nehmen wolle, fragte ich. Ja, sie wollte.

Als Seelsorgerin mit Zusatzausbildungen mache ich auch Traumaberatungen. In unseren Gesprächen zeigte sich bald eine Spur: Offenbar stand bei der jungen Frau eine ungelebte Trauer im Hintergrund. Dies kann dazu führen, dass jemand nicht mehr durchstößt zu innerer Freude, zum Erleben von Sinn im „Jetzt".

Es war nicht schwer, fündig zu werden: Als neunjähriges Mädchen hatte sie ihren Lieblingsbruder durch einen Motorradunfall verloren. Als die Polizei den Eltern die Todesnachricht überbrachte, waren sie so schockiert, dass sie der kleinen Fabienne nicht die Beachtung schenkten, die sie in dieser Zeit gebraucht hätte. „Die Kleine" lief irgendwie einfach mit und geriet ohne böse Absicht ein wenig aus dem Blick. Bei der Beerdigung sollte sie „geschont werden": Sie war nicht dabei; das Abschiednehmen vom Bruder fiel aus. Und danach gab es viel gut gemeinte Ablenkung, es gab reichlich zu tun, Schule, dann Studium – aber untergründig waren der Verlust des Bruders und der ausgefallene Abschied stets präsent.

Mit der Beziehung zu ihrem Freund und der Hochzeit kam alles wie in einem Aufzug hoch: Allein die Gegenwart des jungen Ehemanns weckte Erinnerungen und ein Gefühl der Schwere und Trauer, ohne dass ihr die tieferen Zusammenhänge bewusst waren.

Es tat Fabienne sichtlich gut, all dem nachgehen zu können und sich bewusst zu werden, wie das verhinderte Abschiednehmen von ihrem geliebten Bruder in ihr nachwirkte. In vielen kleinen Schritten versuchten wir, den Abschied nachzuholen: Sie malte ein großes Herz und schrieb einen Brief an den Bruder. Der Brief, laut gelesen, brachte die hinuntergeschluckte, nie wirklich gelebte Trauer hoch. Die Schwere wurde langsam „flüssig". Es war ein intensiver, längerer Prozess, in dem es allmählich wieder Platz gab für die Freude über die Partnerschaft und für die Liebesbeziehung mit ihrem Mann. Wichtig war dafür auch ein Besuch am Grab des Bruders: Der Abschied, für sie die „eigentliche Beerdigung", erfolgte jetzt, nach 15 Jahren.

* * *

Fehlende Lebensfreude hat manchmal mit einer ungelebten Trauer zu tun. Aus verschiedensten Gründen fällt nicht selten das Abschiednehmen von einem lieben Menschen aus. „Hinuntergeschluckte" Trauer aber kann zu einer Erstarrung führen.

Da braucht es, wie bei der jungen Frau, eine Begleitung, vielleicht auch eine Trauma-Arbeit. Viele kleine Schritte und kreative Formen des Abschiednehmens können helfen, dass die erstarrte Trauer sich löst, dass sie Raum bekommt, dass sie gelebt wird und immer wieder abfließt, damit echte Freude kommen kann.

Keine vorschnelle Vergebung!

Eine Ordensschwester, 68, kam in großer innerer Not zu Exerzitien. Sie hatte die Freude verloren am Gebet, an Gott, am Ordensleben.

Es gibt im geistigen Leben Phasen der Trockenheit, der inneren Wüste. Das kann ganz verschiedene Gründe haben. Mir schien, dass die gute Schwester überarbeitet war und Zeit, Ruhe und frische Luft brauchte.

All dies brachte tatsächlich Entlastung, aber Hoffnung und Freude kamen trotzdem nicht auf.

Im Gespräch kamen wir auch auf den Klosteralltag und auf Konflikte in der Gemeinschaft zu sprechen. Die bleiben ja nirgendwo aus. Da gibt es mal einen bösen Blick, eine Ungerechtigkeit, eine zwischenmenschliche Gemeinheit ... Und wie ging die Ordensfrau damit um? Sie hat einfach vergeben und ging weiter, als ob nichts gewesen wäre. So hatte sie es gelernt. Und mit der Zeit hatten sich jede Menge Altlasten, Schmerz und Dornen angesammelt, die sie wie einen schweren Sack mit sich herumtrug. Sie hatte, kurz gesagt, ihren Schmerz über die kleineren und größeren Verletzungen und Unachtsamkeiten, ja im Grunde ihr Menschsein nicht ernst genommen. Sie hatte zu schnell „vergeben". Gefühle wie Ärger und Wut, Trauer und Enttäuschung hatte sie sich verboten; all das kam nicht heraus.

Doch Verzeihen braucht keine Blitzaktion, sondern einen Prozess, der mal länger, mal kürzer sein kann. Wenn mir jemand 500 Euro stiehlt oder mir ein Bein stellt, sodass ich mir den Fuß breche, kann ich natürlich sagen: Ich vergebe – und fertig. Aber damit ist es eben nicht erledigt. Etwas Wichtiges fehlt: die Bereinigung auf der menschlichen und sachlichen Ebene.

Ich kann nicht alles nur auf einer geistlichen, spirituellen Ebene behandeln und vor der menschlichen Ebene die Augen verschließen. Auch diese anzugehen ist häufig eine große Herausforderung; da geschehen viele Versäumnisse. Die Ordensschwester hatte viel hinuntergeschluckten Schmerz „heraufzuschlucken". Ihr half das Wort Jesu: „Kommt alle zu mir, die ihr mühselig und beladen seid …" (Mt 11,28).

Während der Exerzitien legte sie beschriftete Steine als Symbol für die vielen verschluckten

Schmerzen vor den Altar in der Kapelle. Wut, Trauer und Enttäuschung bekamen einen sichtbaren Ausdruck. Mit all dieser Last konnte sie zu Jesus kommen.

Mit der Zeit fand sie eine ganz neue, ganzheitlichere und frohe Beziehung zu Jesus.

* * *

Vergebung ist nicht nur eine Sache des Willens. Zur Vergebung gehört, dass ich mich als Mensch ernst nehme, auch mit meinen Gefühlen. Trauer, Wut und Enttäuschung wollen gelebt werden. Vergebung ist nicht nur eine äußere Aktion, sondern ein innerer Prozess mit vielen Gefühlen. Menschliches und Geistliches gehören zusammen, das darf nicht auseinandergerissen werden.

An Weihnachten feiern wir die M e n s c h - w e r d u n g Gottes. Auch wir sind berufen, wirklich Mensch zu werden, ganze Menschen, ohne irgendetwas von unserem Menschsein abzuspalten.

Es wäre ein Selbstbetrug, eine geistliche Lüge, zu sagen: „Ich vergebe dir!" – und in mir sitzt weiter die Wut über das, was war. Menschwerdung braucht den ganzen Menschen!

Ein Versprechen,
das nicht zu halten war

Frau H., inzwischen 79 Jahre alt, hatte ihrem Mann vor langer Zeit versprochen: „Ich pflege dich einmal." Ich lernte die Frau in der Klinik kennen. Sie war völlig fertig, am Ende ihrer Kräfte, komplett überfordert mit der Situation.

Der Mann war schwer krank, im Alter war eine larvierte psychische Störung voll ausgebrochen. Er bedrohte die Ehefrau immer wieder, dann lief er davon. Nicht nur einmal musste die Polizei ihn suchen.

Der Gewissenskonflikt der Ehefrau war groß, denn sie hatte ihrem Mann versprochen, ihn zu pflegen. Ihr war das Eheversprechen immer wichtig gewesen. In unseren Gesprächen kam dann heraus, dass der Mann ihr vor der Ehe die vererbte psychische Krankheit verheimlicht hatte. Kirchenrechtlich war die Ehe somit gar nicht gültig. Eine reichlich komplizierte Situation, in der einiges zu klären war: Eine „Unterscheidung der Geister" war vonnöten.

Ich konnte der Frau bewusstmachen, dass es nicht automatisch zum Eheversprechen gehört, den Partner zu pflegen. Etwas anderes ist es, zu sagen: „Ich lasse dich nicht im Stich!" Das kann ja auch heißen: Ich werde Hilfe organisieren. Denn Pflege, zumal in Verbindung mit einer psychiatrischen Versorgung, braucht Fachkenntnisse bzw. speziell ausgebildetes Personal. Sie kann nicht einfach so dem Partner oder Verwandten „aufgedrückt" werden. Das sollte weder erwartet noch gefordert werden.

Diese Klärung verschaffte der Frau, die sich völlig überfordert hatte, Erleichterung.

Obwohl die Ehe kirchenrechtlich gar nicht gültig geschlossen war, entschied sich die Frau, an der Ehe festzuhalten. Wobei sie sich nun bewusst war, dass der Mann aufgrund seiner psychischen Erkrankung letztlich eheunfähig war.

So fand sie schließlich die Freiheit, das gemeinsame Geld für einen guten Pflegeplatz einzusetzen, ihn zu besuchen und selbst wieder aufzuatmen – zu *leben*!

* * *

Bevor ich jemandem etwas verspreche, muss ich sehr genau überlegen und in mich hineinhören, ob es wirklich sinnvoll und möglich ist.

Manchmal geben Menschen vorschnell ein Pflegeversprechen, ohne über die Folgen nachzudenken. Der Punkt, an dem die Pflege in professionelle Hände gehört, darf nicht verpasst werden. Lieber zu früh als zu spät! Ansonsten kommt es schnell zur Überforderung. Schließlich verspreche ich auch niemandem: „Ich operiere dich!"

Von keinem Menschen kann etwas verlangt werden, was er nicht gelernt hat bzw. nicht kann. Da haben wir immer das Recht, „Nein!" zu sagen, auch wenn andere etwas anderes erwarten.

Lieben heißt
Sich-Einfühlen

Frau T., 78 Jahre alt und schwerkrank, wünschte sich, noch einmal in ihre Wohnung zu dürfen. Sie hatte keine Kinder, ihr Mann war im Altersheim und dement. Bekannte und Verwandte waren nicht da. Ich kannte die Frau seit vielen Monaten und wollte ihr diesen Wunsch noch erfüllen. Mit der Kirche und dem Glauben hatte sie mehr oder weniger gebrochen, sie war verbittert und enttäuscht vom Leben und den Menschen.

Es war ergreifend, mit ihr noch einmal ihre Wohnung zu besuchen. Sie nahm Abschied; man spürte, dass es ihr letzter Besuch dort war. Sie wollte alles ordentlich zurücklassen, schaute in die Schränke, entsorgte die Lebensmittel aus dem Kühlschrank, strich mit der Hand über ein Bild … Auf dem Rückweg in die Klinik war eine dichte Atmosphäre. Ich betete still.

Als ich sie fragte, ob sie noch einen Wunsch habe, sagte sie: „Ja, ich möchte noch mal ins Café." Mir stockte fast der Atem: Es war Karfreitag. Am

Nachmittag wollte ich an der Karfreitagsliturgie teilnehmen.

Was tun? Ich betete zum Heiligen Geist – und stimmte zu. In einem kleinen Ort hielt ich an; dort gab es neben der Kirche eine Wirtschaft, die offen hatte. Innerlich hatte ich immer noch zu kämpfen; ich dachte bei mir, hoffentlich sieht mich niemand und denkt: „Was macht denn die am Karfreitag im Café?" Ich bemühte mich, diese Gedanken beiseitezuschieben und mich in die Patientin einzufühlen: Es sollte ein schöner Ausflug ins Café werden – und der wurde es auch!

Später, als die Frau vor der Klinik in den Rollstuhl stieg, schaute sie mich an, hielt mich fest und sagte: „Sie haben mir den Glauben an die Menschheit wiedergegeben."

Sie lebte noch drei Wochen.

* * *

Dass die Liebe den Menschen heilt, daran glaube ich fest. Aber dazu braucht sie auch unsere Hände und Füße. Sie braucht die persönliche Einfühlung. Liebe ist mehr als fromme Worte. Manchmal braucht sie auch ungewöhnliche kleine Zeichen!

Gott gibt niemanden auf

Frau U., 44, eine Frau in der Lebensmitte, landete immer wieder in der Klinik. Alkoholentzug, erfolglose Therapie, Trennung, Scheidung, Verlust der Arbeit, innerer und äußerer Absturz ... Diese Frau wurde mir vom Klinikchef wärmstens ans Herz gelegt. Ich sah wenig Möglichkeiten, denn sie hatte ja bereits diverse therapeutische Klinikaufenthalte hinter sich. Was will ich mit einer therapieresistenten Person?

Schließlich habe ich doch dem Drängen nachgegeben und mich auf Gespräche eingelassen. Und in dieser Begleitung habe ich erlebt, dass Gott wirklich niemanden aufgibt: Er hat immer noch Möglichkeiten!

Die Teilnahme der Frau an einer Seelsorgewoche scheiterte schon daran, dass sie nicht nüchtern war. Sie kam wieder in die Klinik.

Ich sagte, dass ich nur mit ihr arbeiten könne, wenn sie nüchtern sei. Sie kam zu etlichen ambulanten Gesprächen, die Trauer über die Kinderlosigkeit und die gescheiterte Ehe brachte unzählige Tränen hervor.

Dann nahm sie an einer Seelsorgewoche „Biblische Imagination" teil. Da ging es auch um ganz elementare Dinge. Sie entdeckte für sich, dass Essen etwas Wichtiges, ja sogar Schönes ist, und konnte diese Erkenntnis auch in ihren Alltag mitnehmen. In einer weiteren Seelsorgewoche, in der es um die Aufarbeitung der Lebensgeschichte ging, kamen wir zu einer Art „Wurzelbehandlung" ihrer Absturzkarriere. Ganz kurz gesagt: Ihr Problem war „ein abgelehntes *inneres Kind*". In einer biblischen Imaginationsübung machte sie die tiefe innere Erfahrung, dass „die Kleine, das dickliche Kind", von Gott angenommen und geliebt ist. Es war eine Gotteserfahrung mit völlig überraschender, durchschlagender Wirkung. Sie blieb danach tatsächlich trocken.

Jetzt sind acht Jahre vergangen. Sie hat das Milieu gewechselt und ihre Beziehungen geklärt. Sie ging in Versöhnung, nahm Vergebung an, fand einen Bezug zur Eucharistie und zur Pfarrgemeinde. Sie begann, Konflikte ernsthaft zu lösen. Nach 25 Jahren hörte sie das Rauchen auf. Jedes Jahr nahm sie an einer Seelsorgewoche teil. Sie wollte „dranbleiben". Inzwischen kann sie auch wieder in ihrem gelernten Beruf arbeiten. Eine wunderschöne, reife Frau kommt zum Vorschein.

Ein Wunder der Gnade, aber nicht ohne Mitwirkung. Die vielen, vielen Tränen haben Frucht getragen.

* * *

Das Ja zu jedem Menschen, die Bejahung der Person, halte ich für die wichtigste christliche Verkündigung. Aber sie muss in das persönliche Leben des Einzelnen transportiert werden, sie muss einen in der Tiefe erfassen.

In der geschilderten Situation hatte sie durchschlagende Wirkung. Natürlich kann ich solch eine Gotteserfahrung nicht „machen". Aber manchmal geschieht sie. Was wir tun können, ist: Räume schaffen, in denen einem Menschen solche Erfahrungen geschenkt werden können.

In der Pastoral brauchen wir gestaltete ganzheitliche Räume der persönlichen Begegnung mit Gott und den Menschen. Dazu dienen z. B. sogenannte Seelsorgewochen mit ganzheitlichen Elementen: gemeinschaftliches Essen, Zeiten der Selbstbesinnung, Austausch, Gebetszeiten, Singen, Einzelgespräche usw.

Unversöhntheiten
belasten den Sterbeprozess

Frau S., 79 und schwerstkrank, konnte und konnte nicht sterben. Sie krampfte alle zehn Minuten. Es war eine schreckliche Leidensatmosphäre. Die Medikamentendosis konnte nicht weiter erhöht werden. Wäre ein „assistierter Suizid" erlaubt gewesen, hätten ihr sicher einige dazu geraten. Gott sei Dank gab es diesen „Ausweg" nicht.

Etliche Angehörige kamen, wir waren etwa zu zehnt um sie, die Hilflosigkeit war groß. Ich spürte eine Spannung in dem Raum. Vorsichtig fragte ich, ob die Frau vielleicht noch auf jemanden warte? Oder ob irgendetwas noch nicht gut sei? Die Angehörigen versicherten mir, dass alles in Ordnung sei, auch der Pfarrer sei schon da gewesen.

Die Situation blieb tagelang die gleiche, nur die Besucher wurden weniger. Verständlich, denn die Belastung wurde immer größer.

Am Sonntagvormittag ging ich wieder in das Krankenzimmer. Und wieder hatte ich das Gefühl: Hier stimmt etwas nicht. Als nur noch die Tochter und der Schwiegersohn da waren, wiederholte ich in aller Behutsamkeit die Frage, ob vielleicht doch irgendetwas nicht gut sei?

Darauf sagte die Tochter, sie hätten auf der Beerdigung des Vaters heftig gestritten wegen des „Leichenschmauses"; das belaste sie noch heute.

Ich fragte sie, ob sie das ihrer Mutter schon gesagt habe. – Natürlich nicht.

Ich ermutigte sie, es ihrer sterbenden Mutter zu sagen, und fragte sie, ob sie mit der Mutter noch Frieden schließen möchte.

„Natürlich, aber es ist zu spät", meinte sie.

„Nein!", erwiderte ich bestimmt. „Gehen Sie nur zur Mutter hin und sprechen Sie sie langsam und deutlich an."

Die Mutter schien schon weit weg zu sein, doch als die Tochter ihr die Versöhnung zusprach, rollten Tränen aus den Augen der Mutter.

Wir waren alle selbst zu Tränen gerührt. Die Mutter hörte auf zu krampfen, und in der nächsten halben Stunde ging sie ganz ruhig „hinüber".

* * *

Manchmal spielen unterbliebene Gespräche und Aussprachen im Sterbeprozess eine große Rolle. Sie zeigen sich in einer belasteten Atmosphäre. Man spürt, dass etwas nicht stimmt, dass etwas noch nicht bereinigt ist.

Bereinigung geschieht nicht automatisch, auch nicht durch ein stilles Gebet. Es braucht auch die menschliche Begegnung. Dinge anzusprechen, sie auszusprechen und zu vergeben tut gut.

Sterbende bekommen mehr mit, als wir denken.

Worte haben Macht

Frau M., 69, wollte im Rollstuhl in die Kranken-hauskapelle fahren, aber sie kam nicht durch die Kapellentüre. Seltsam, dachte ich; die Tür ist eigentlich breit genug. Die Frau hatte eine innere Blockade: So oft sie es auch versuchte, sie kam nicht durch die Tür. Eine psychische Störung lie-ge nicht vor, sagte man mir auf Station. Das merk-würdige Phänomen war nicht zu erklären.

Im Gespräch mit der Frau kam heraus, dass sie früher zu den Zeugen Jehovas gehört hatte, und auch wenn sie sich längst von ihnen getrennt hatte, wirkten alte Festlegungen nach: Sie hatte eine regelrechte Sperre gegen die katholische Kirche.

Mir war wichtig, dass die Frau in die Freiheit kommt ... Denn ohne sich dessen bewusst zu sein, hatte sie sich durch die Ablehnung der Ka-tholischen Kirche und ihres Glaubens die Freiheit genommen, jetzt, da sie erkrankt war, die Kapelle

aufzusuchen, dort zu verweilen und Kraft zu tan-
ken … Zu stark waren die alten Festlegungen. Ich
versuchte die Patientin mit einem Priester in Kontakt zu bringen, der dies ernst nahm und behutsam darauf einging. Mit Erfolg! Die Frau war bereit, die Festlegungen gegen die katholische
Kirche und ihren Glauben zurückzunehmen.

Worte haben Macht: Was der Priester ihr sagte,
kam bei ihr an. Sein Gebet im Namen Jesu löste
ihre Festlegungen. Die Frau bekam die innere
Freiheit, in die Kapelle zu fahren, wann sie wollte.
Es tat ihr gut.

* * *

*Wenn wir uns verändern wollen, müssen wir unter
Umständen frühere Festlegungen und Beschlüsse
bewusst und ausdrücklich zurücknehmen – was oft
vergessen wird. Sonst wirken sie weiter und wir
nehmen uns die Freiheit.*

*Klärende Worte eines anderen Menschen kön-
nen helfen, ebenso das Gebet: Da kann die Macht
Gottes zum Zug kommen. Unter Umständen auch
durch einen Priester, der im Namen Jesu mit Voll-
macht spricht. Kirche, die von vielen Menschen als
einengend empfunden wird, kann auch eine befreiende Wirkung haben!*

Wenn Tote im Herzen sitzen, statt am Herzen liegen

Frau G., 27 Jahre alt, begegnete mir in der Klinik. Sie war zu einem chirurgischen Eingriff hier.

Ich besuchte sie in ihrem Zimmer. Auf dem Nachttischschränkchen stand ein Ultraschallbild von einem Embryo: ihrem Kind, das sie im ersten Schwangerschaftsdrittel verloren hatte. Sechs Jahre war das her.

Sie kam über den Verlust nicht hinweg: Wie hatte sie sich auf das Kind gefreut, hatte die Herztöne wahrgenommen ... Und dann – alles vorbei.

Beim Anblick eines Kinderwagens, so gestand sie, empfand sie immer noch Wut und dann wieder Skrupel, dass sie eine solche Wut hatte. Das Ultraschallbild musste überall mit. Die junge Ehe war in eine ziemliche Krise gekommen; die Bereitschaft für ein weiteres Kind war blockiert. Ihr Mann verstand das nicht. Die Frau war in ihrer Trauer steckengeblieben.

Das abgegangene Kind besetzte ihr Herz total. In einer Weise, dass ein Trauer*weg* regelrecht blockiert war. Sie konnte einfach nicht wirklich Abschied von ihrem Kind nehmen.

In vielen Gesprächen kämpfte ich mit ihr um dieses Abschiednehmen. Sie hatte das Kind nicht „beerdigt" – und schleichend war in der jungen Frau selber alles tot geworden.

Hilfreich war, dass wir dem abgegangenen Kind einen Namen gaben.

Hilfreich war auch, es nicht einfach „irgendwohin" loszulassen – wohin denn? –, sondern es in die Hände Gottes zu geben. In einer gottesdienstlichen Feier konnte sie symbolisch das Ultraschallbild auf den Altar legen. Sie war bereit, das Kind freizugeben; ihr Herz wurde langsam frei.

Hilfreich waren dann auch die weiteren Gespräche; wir konnte auch zusammen beten. Mit der Zeit gewann die junge Frau die innere Freiheit, an eine neue Schwangerschaft zu denken. Sie sagte, dass sie beginne, auch ihren Ehemann wieder bewusst wahrzunehmen.

Das Ultraschallbild bekam einen angemessenen Platz in der Wohnung, aber es ging nicht mehr überallhin mit und sie musste es auch nicht mehr ständig an ihr Herz nehmen. Der Weg ins Leben, der Weg in die Zukunft wurde langsam wieder frei.

* * *

Wenn ein Kind stirbt, ist es mehr als verständlich, dass es das Herz einer Mutter besetzt. Oft wird das in unserer Gesellschaft nicht genügend beachtet.

Trauer ist nicht nur normal, Trauer ist auch wichtig und gut – wenn sie zu einem Trauer-W e g wird. Sonst wird es auf Dauer für die Mutter und die Beziehungen schwierig, womöglich auch gefährlich.

Oft braucht es eine intensive Trauerbegleitung und Hilfen, damit der Weg in die Zukunft wieder eröffnet wird. Die Wege sind individuell ganz verschieden; Trauernde müssen, können letztlich nur selbst den eigenen Weg finden und gehen. Hilfreich sind dabei Begleitung, Seelsorge, Gebet, kreative Wege, Segensrituale, um Abschied zu nehmen, um freizugeben, um den Weg zurück ins Leben zu finden.

Vollbremsung
auf der Autobahn des Lebens

Ich wurde zu einer Patientin, 46, auf die chirurgische Station gerufen. Sie hatte strenge Bettruhe, musste aufgrund eines Unfalls mehrere Wochen still liegen. Die Frau war nörglerisch, verdeckt aggressiv. Verständlich, dachte ich, bald ist Weihnachten, und dann so plötzlich herausgerissen zu werden aus der vollen Aktivität, das ist wie eine Vollbremsung auf der Autobahn des Lebens ...

Ich besuchte sie öfter, versuchte mich einzufühlen und viel zuzuhören. Jetzt, wo sie dalag und nichts tun konnte, kamen wie in einem Aufzug viele alte Erlebnisse und Gefühle hoch, ob sie wollte oder nicht.

Vor 17 Jahren, so erzählte sie mir, hatte sie in der Schwangerschaft ein Kind verloren. Sie konnte und wollte sich damals nicht verabschieden: Es war einfach alles zu viel und zu schrecklich. Jetzt brach alles wieder auf, der ganze Schmerz. Daheim hatte sie nie Zeit für Ruhe und Stille; Haus,

Arbeit und Familie nahmen sie völlig in Anspruch.

Es war nicht zu übersehen, dass die Frau nun mit sich und der Welt nicht zurechtkam, sie nörgelte und kritisierte an allem herum. Und das Personal bekam alles ab.

In langen Gesprächen kam die Frau an den Punkt, dass sie sich die Trauer um das verstorbene Kind „erlauben" konnte. Damals, vor 17 Jahren, war sie einfach überfordert gewesen. Ihr Gefühlschaos, ihre unverarbeitete Trauer hatte sich auch auf die Familie, auf die Beziehung zu den anderen Kindern ausgewirkt. Es gab viele Spannungen.

Ganz allmählich wurde ihr das bewusst. Sie merkte, wie sehr der ausgefallene Abschied von dem verstorbenen Kind mit hineinspielte. Jetzt gaben wir dem Kind einen Namen: „Katharina". Die Frau konnte bitterlich weinen. Innerlich umarmte sie das abgegangene Kind, konnte ihm einen angemessenen Platz in der Familie geben.

Am Ende des Krankenhausaufenthaltes sagte sie: „Gott sei Dank wurde ich ausgebremst. Durch den Unfall musste ich mir endlich mal Zeit nehmen für mein Inneres."

* * *

Die Lebensumstände machen uns manchmal, oft ungefragt, ein Angebot für unser Inneres.

Begleitende Seelsorge kann eine Unterscheidungshilfe sein, um Gefühle zu entschlüsseln, die wir selbst nicht einordnen und verstehen können.

Nicht selten geht es darum, unangenehme Gefühle überhaupt zuzulassen, das eigentliche Thema hervorkommen zu lassen, vielleicht auch Botschaften aus Träumen zu erkennen ... – damit Ganzwerdung geschieht.

Unsere Psyche folgt bisweilen ganz anderen „Zeitplänen", als wir es uns in unserem Lebensplan ausgemalt haben. Diese Frau war im Nachhinein froh darüber: „Gott sei Dank wurde ich ausgebremst."

Schock versteinert
die Gefühle

Herr P., 64, fiel bei seinem regelmäßigen Jogging um und war tot. Notarzt, Reanimationsversuche ... – keine Chance.

Die Frau sah ihren verstorbenen Mann erst, als er bereits kalt und völlig verändert war. Es war ein Schock: „Das ist nicht mehr mein Mann!", entfuhr es ihr.

Bei der Beerdigung stand sie völlig versteinert da. Ein Nachbar sagte: „Die weint ja gar nicht!" Sie konnte nicht.

Sie arbeitete in der Klinikküche und kam zu mir. „Ich glaube, ich bin verrückt geworden!", sagte sie. Überall suche sie ihren Mann und finde ihn nicht. Schlafen konnte sie auch nicht mehr.

Nach einigen Gesprächen kam uns der Schlafanzug ihres Mannes, der noch im Bad hing, zu Hilfe. Er roch noch nach ihrem Mann. Ich ermutigte sie, diesen Schlafanzug noch länger hängen zu lassen und nicht zu waschen. Auch eine vermeintliche Nebensächlichkeit kann dienlich sein, um aus der Schockstarre herauszufinden.

Für die Frau war es der Schlafanzug, der ihr half, mit ihrem Mann zu sprechen, ihn „in den Arm zu nehmen" und sich langsam zu verabschieden. Nein, sie war nicht verrückt geworden! Es war eine sehr gesunde Reaktion.

Auch durch viele Träume konnte sich der Schock allmählich weiter lösen.

* * *

Katastrophen, die uns das Leben manchmal zumutet, können unsere Gefühle blockieren, ja regelrecht einfrieren. Wir spüren nichts mehr.

Ein Schock löst sich nicht immer von allein auf. Im Schock aber kann der Trauerprozess noch nicht beginnen. Es braucht Hilfen, um die Trauer und Tränen zum Fließen zu bringen. Für die Frau war „der lebendige Schlafanzug" der Anknüpfungspunkt, damit sich der Schock in Tränen lösen und der Trauerweg beginnen konnte.

Gelebtes Leben
will betrauert werden

Frau R., 86 Jahre alt, kam völlig apathisch ins Krankenhaus. Man wusste nicht, was mit ihr los war. Sie bekam Antidepressiva. Ich setzte mich immer wieder zu der alten Frau, hörte ihr zu und versuchte, mich einzufühlen. Nach einiger Zeit erzählte sie mir irgendetwas von ihren Tassen. Ich verstand nichts, erst viel später kapierte ich, was es damit auf sich hatte.

Die Kinder hatten für Mama einige Monate zuvor einen Altenheimplatz besorgt. Sie meinten es gut und richteten ihr das Einzelzimmer nagelneu und ausgesprochen schön und praktisch ein. Sie konnten es sich leisten. Vorher hatte die Frau in einem alten kleinen Häuschen gewohnt. Ihre Sachen wollte niemand von den Kindern haben, sie hatten alle ihre eigenen Häuser. So bestellten sie einen Container und entsorgten alles.

Und jetzt begann die Mutter, ihre Sammeltassen zu suchen. Sie standen symbolisch für ihr „gelebtes Leben". Es stimmte sie entsetzlich traurig, dass sie keine Sammeltasse mehr hatte und dass niemand etwas von ihren Sachen wollte.

Mit der Zeit konnte ich sie von der Apathie zur Trauer bringen. Zu Trauer und Wut: Wut auf die Kinder, deren Verhalten sie als lieblos und arrogant empfunden hatte. Gelebtes Leben, von dem es Abschied zu nehmen gilt, will betrauert werden! Für die alte Frau waren ihre Tassen mit vielen lebendigen Erinnerungen verbunden.

Liebe braucht Einfühlungsvermögen, sonst wird es kalt und schwer.

* * *

Kleinigkeiten spielen eine große Rolle. Besonders, wenn daran Erinnerungen an gelebtes Leben geknüpft sind. Abschiede wollen betrauert werden, und das betrifft nicht nur den Abschied von lieben Menschen, sondern auch von Dingen, die in unserer Lebensgeschichte wichtig waren, von Gegenstände, die eine besondere Bedeutung für uns haben.

Fehlendes Einfühlungsvermögen kann Mitmenschen krank machen, zu Rückzug führen. Einfühlung, Zeit-Haben und Zuhören können heilend wirken. Wichtig ist, dass Trauer, auch Wut herauskommen dürfen, damit die Menschen nicht in Schwermut und Apathie abtauchen.

„Schrei es heraus!"

Wochenende. Zwei Brüder fahren mit Kumpels von der Disco heim mit dem eigenen Auto. Alkohol, Vollgas, Unfall … Der Fahrer landet auf der Intensivstation, dass sein Bruder tot ist, weiß er noch nicht.

Am nächsten Morgen bitten mich die Eltern, den Sohn zu beruhigen, damit er sich nichts antut. Ich sage nichts dazu.

Als wir bei dem jungen Mann sind, fängt er an zu schreien. „Sei still!", entfährt es den Eltern. „Nein", entgegne ich, „lasst ihn schreien!" Und zu dem Sohn: „Schrei es nur heraus! Wann sollen wir denn sonst schreien, wenn nicht nach so einem Unfall?!"

Er schrie, dass es das ganze Haus hörte – Gott sei Dank. Dann ist er vor Erschöpfung eingeschlafen. Später konnten wir gut miteinander sprechen. Er entwickelte keine Suizidgedanken.

* * *

Eine Seelsorgerin, ein Seelsorger müssen versuchen zu halten, auszuhalten und standzuhalten, damit Gefühle gelebt werden können. Sie müssen herauskommen dürfen, vor allem in Katastrophen. Wenn wir sie nicht zulassen, kann es gefährlich werden.

Zur Seelsorge gehört das Bemühen, Halt und Schutz zu geben; denn wer wirklich in Not ist, kann sich selbst nicht halten.

Manchmal braucht es auch eine ausdrückliche Ermutigung, die „Erlaubnis", auch zu schreien, starke, unkonventionelle Gefühle zu zeigen, weil es eine angemessene Reaktion auf eine Katastrophe ist.

Botschaft
eines Traums

Eine Frau hatte plötzlich ihren Mann verloren. Er war längst beerdigt, aber sie kam einfach nicht über den Verlust hinweg, nichts half, alles drehte sich im Kreis. Die Frau lebte mit dem Verstorbenen – auf eine niederdrückende Weise. Ihr Leben wurde zusehends schwermütig ...

Eine Traumreihe kam zu Hilfe. Sie träumte von einem offenen Sarg. Die Frau hatte den Toten gebettet; plötzlich aber bewegte sich der Mann – sie erschrak fürchterlich. Und wachte auf.

Im Gespräch darüber kam heraus, dass sie im Traum den Sargdeckel des Mannes nicht zumachen wollte. Ein sprechendes Symbol: Sie konnte, sie wollte ihren längst beerdigten Mann nicht freigeben.

Es braucht Zeit, mal mehr, mal weniger, einen geliebten Menschen bewusst freizugeben, ihn – wenn man gläubig ist – in die Hände Gottes zu übergeben.

Als die Frau dies vermochte, war das die eigentliche „Beerdigung".

Dann hatte sie erneut einen Traum: Ihr Mann fuhr auf einem Traktor, seinem Lieblingsfahrzeug; die Frau lief sofort hinter ihm her, konnte ihn jedoch nicht erreichen. Er winkte ihr zu und lächelte. – Zuerst war die Frau enttäuscht, dass sie ihren Mann nicht erreichen konnte. Dann entschlüsselten wir die Botschaft des Traums: „Er winkt mir zu! Er lächelt mir zu! Es geht ihm gut. Er verabschiedet sich, ich darf ihn aufgehoben wissen." Kleine Zeichen mit großer Bedeutung.

* * *

Manchmal kommen Menschen aus ihren Problemen nicht heraus, sie drehen sich im Kreis. In dieser Situation kam die Wegweisung, die Hilfe durch eine Traumreihe. Manchmal wirkt der Heilige Geist auch durch Träume.

In der Seelsorge braucht es ein Hinhören auf die leisen Impulse, weg von (vor)schnellen Deutungen hin zu den tiefer liegenden Botschaften. Im geschilderten Fall war es notwendig, gemeinsam mit der Frau die Träume zu entschlüsseln.

Neu aufbrechen
braucht Mut

Eine Frau hatte sehr jung geheiratet. Sie bekam Kinder und lebte ihre Mutterschaft mit großer Hingabe. Sie liebte es, für andere da zu sein, zu helfen, andere zu bedienen. Sie definierte sich sozusagen über das Helfen. Ihre Liebe zu ihrem Mann fand keine wirkliche Erwiderung. Für ihn stand die Sexualität im Vordergrund – und das Versorgtwerden von einer Frau, eigentlich von einer Mutter.

Die Ehe – eine Berufung? Ihre Berufung? Die Frage hatte sich für die Frau nie gestellt. Und der Mann hatte das Eheversprechen faktisch längst aufgegeben. Sie selbst ließ sich kurz vor dem totalen Zusammenbruch scheiden, ging neue Beziehungen ein. Aber die verschiedensten neuen Männer führten die Frau nicht in die Freiheit, nicht in *ihr* Leben, nicht zu ihrer Würde.

Auf einem langen Weg hat die Frau dann das geistliche Leben entdeckt, das Gebet. Es wurde ihr bewusst, wie kostbar ihr Leben, wie wertvoll sie als Mensch ist. Es war viel zu wenig, sich über das Helfen und die Sexualität zu definieren. Mit der Zeit ordnete sie ihre Beziehungen und ihr Leben. Sie wurde sich ihres Werts und ihrer Würde bewusst, auch ihrer Taufwürde. Und sie fand eine neue Freiheit. Gott schenkte dieser Frau eine besondere Gabe des Gebetes: eine große Liebe zur Eucharistie, die Gabe der Kontemplation und das Fürbittgebet. Das Dienen blieb, aber es bekam das rechte Maß und eine neue Motivation.

Die Frage nach der Berufung hatte sie sich vor der Heirat wie gesagt nie gestellt; die Ehe als Berufung war ja auch kein Thema in der gängigen Verkündigung.

Jetzt entdeckte sie erst mal ihre Berufung zum Menschsein. Zum Frausein. Zum Christsein. Sie entdeckte, dass Gott sie beim Namen ruft und sie einmalig liebt! So, wie sie ist, auch wie sie geworden ist. Sie hat Frieden gefunden mit ihrer Scheidung, sie ist gerne Mutter.

Ob sie zur Ehe berufen war? Wie auch immer, Gott hat ihr rückwirkend Versöhnung geschenkt in ihrem Leben. Erst in der Sackgasse wurde sie offen und ansprechbar für die Spur Gottes, erst da entdeckte sie ihre Würde und ihren Wert.

* * *

Gott hört nie auf, den Menschen persönlich zu rufen. Manchmal wird ein Mensch erst in einer Sackgasse offen für den Ruf Gottes. Die Berufungsgnade hat die Kraft, den Menschen herauszulösen aus seiner Unfreiheit.

Die Frohe Botschaft, die Jesus auch heute bringen möchte („Evangelisierung"!), lautet: Gott liebt jeden Menschen ganz persönlich. Immer. Sein Ruf will und kann uns in jeder Lebenslage erreichen.

Seelsorge braucht offene Augen, Ohren und Herzen – für alle Berufungen. Für Gottes Anruf hier und heute. Für den einzelnen Menschen in seiner ganz persönlichen Lage.

Die erlösende Liebe Christi will und kann wirklich jeden Menschen erreichen; sie hat erneuernde, heilende und befreiende Kraft.

„Zwei Beine zu verlieren ist zu viel"

Ich wurde zu Herrn P., 81, geschickt, der schrie: „Wenn sie mir das Bein abnehmen, bringe ich mich um!" Wenn Ärzte oder Therapeuten mit ihm sprechen wollten, sagte er nur: „Sie haben doch keine Ahnung, Sie haben leicht reden! Ich lebe schon seit 20 Jahren mit einem Bein. Zwei Beine zu verlieren ist zu viel!"

Auch ich blitzte mit meinem Besuchsversuch ab. Ich betete viel für „diesen Typen", aber ich wusste mir keinen Rat. Immer wieder wandte ich mich im Stillen an den Heiligen Geist.

Ein paar Tage später wurde ich zu seinem Zimmernachbarn gerufen, um ihm die Krankenkommunion zu bringen. Mir schlotterten die Knie, denn Herr P. konnte verbal sehr aggressiv werden. Als ich das Zimmer betrat, war die Atmosphäre so schneidend, dass ich kaum durchatmen konnte.

Als ich dann nach der Kommunionfeier gehen wollte, rief mir der alte Mann laut nach: „Haaalt!

Was haben Sie da?!" Er sah, dass ich eine Hand verloren habe und eine Prothese trage. Ich erzählte ihm meine Unfallgeschichte, die ich normalerweise für mich behalte. Jetzt nahm mich der Patient ernst – als Gesprächspartner, als Gegenüber auf Augenhöhe.

Wir haben dann öfter lange miteinander gesprochen. Es wurde eine intensive Begleitung. Er hat seine Suizidgedanken überwunden und konnte trotz seines Schicksals Ja zum Leben sagen.

* * *

Ich bete wie gesagt gerne zum Heiligen Geist. Er hat mir in den schwierigsten Situationen immer wieder eine Idee zugespielt oder Umstände gefügt, die einen Lösungsweg aufgetan haben. Oft völlig überraschend: Der Geist weht, wo er will und wie er will!

Manches Mal scheint er gerade bei unseren Grenzen oder einem Handicap anzusetzen: Grenzen haben wir alle – und gerade das verbindet und ermöglicht Begegnung auf Augenhöhe.

Doppelleben
führt zu Gewissenskonflikten

Die Silberhochzeit stand vor der Tür. Herr J., 55 Jahre alt, wünschte sich ein Fest und auch einen Gottesdienst mit Eheerneuerung. Der Frau machte die Vorstellung richtig Stress.

Sie kam zu Gesprächen, in denen sie bekannte, dass sie über all die Jahren immer fremd gegangen war. Der gutmütige und gutgläubige Ehemann hatte nichts bemerkt.

Die Eheerneuerung brachte die Frau in einen ernsten Gewissenskonflikt. Sie liebe ihren Mann, beteuerte sie, und wolle bei ihm bleiben. Aber ein Zweifel machte ihr arg zu schaffen: Sie war sich nicht sicher, ob der Sohn nicht doch einen anderen Vater habe. Ihr Eheversprechen bei der Hochzeit sei nicht ehrlich gewesen, und das Treueversprechen habe sie nicht ernst gemeint. All die Jahre habe sie ihn zwar immer wieder betrogen, jetzt aber sei sie zu einer wirklichen Umkehr, zu einem Neuanfang bereit. Mit allem, was dazugehörte … Leicht war es wahrlich nicht, weder für sie noch für ihren Mann, im Gegenteil. Da war viel aufzuarbeiten …

Der Vaterschaftstest brachte eine Entlastung.

Und die Silberhochzeit wurde zur eigentlichen Hochzeitsfeier.

Die Eheerneuerung erfolgte unter Tränen und mit innerer Freude. Es wurde ein wirkliches Fest.

Der Ehebund war jetzt, nach 25 Jahren, fest und echt. Was nicht alles möglich ist …!

* * *

Bewusstes Doppelleben und Lüge in Beziehungen haben auf Dauer schwerwiegende Folgen. Doppelleben zerstört Vertrauen, von dem wir alle leben. Unser Gewissen aber ruft uns immer wieder zur Klarheit und zur Entscheidung. Es kann wehtun, sich für die Wahrhaftigkeit zu entscheiden. Aber es lohnt immer! Wahrheit und Vergebung können vieles bereinigen. Natürlich nicht vorschnell, nicht leichtfertig: Es ist eine ernste Angelegenheit, die häufig auch professionelle Hilfe braucht.

Das Beispiel des Paares vor der Silberhochzeit zeigt, was mit Ehrlichkeit und Gottes Hilfe alles möglich ist. Gott hat Geduld mit uns Menschen. Und die Wahrheit befreit uns von innen her.

Sakrament der Krankensalbung?
Sie brauchte etwas anderes!

Frau M., 72 Jahre alt, rief mich im Krankenhaus und wollte, dass ich einen Priester hole. Sie hatte den Wunsch, das Sakrament der Krankensalbung zu empfangen. Eine gute Sache, aber ich hatte ein ungutes Gefühl. Die Frau war nicht schwerkrank. Ich halte viel von der Krankensalbung, aber hier hatte ich eine innere Blockade.

Wir kamen tiefer ins Gespräch. Die Frau erzählte mir, dass sie eigentlich nicht mehr leben wolle. Der behinderte Sohn, den sie jahrelang gepflegt hatte, war gestorben. Die Frau hatte viele Opfer gebracht und auf vieles verzichtet, aus Liebe zu ihrem Sohn. Sie war alleinerziehend, der Vater war verschwunden, also kam es zu einer Vielfachbelastung. Und jetzt war ihr der Lebenssinn abhandengekommen. Mein Eindruck bestätigte sich: Die Frau wollte dem Sohn „nachsterben", der neue Sinn war nicht gesucht und schon gar nicht gefunden. Sterben schien leichter, als das Leben neu anzupacken.

Die an sich sehr gläubige Frau wollte die Krankensalbung, um der Mühe, neu ins Leben zurückzufinden, aus dem Weg zu gehen und dem Sohn nachzusterben.

Ich fragte sie, ob es irgendetwas gebe, wofür sie nie Zeit gehabt habe. Ob sie sich irgendetwas gewünscht habe, das sie nie verwirklichen konnte? „Nichts, nichts!" Sagte sie. Aber ... Ich ließ nicht locker. Viel Einfühlungsvermögen und Durchhaltevermögen waren nötig, mit ihr ihren neuen Lebenssinn zu finden. Was könnte sie motivieren, ihr Leben neu anzupacken?

Irgendwann sprach sie dann doch einen Wunsch aus: Sie wünsche sich eine Busreise, sagte sie. Früher war das nicht möglich gewesen, sie hatte ja nie Zeit und Geld. Aber jetzt ... Doch sofort meldete sich das schlechte Gewissen: Wie konnte sie sich erlauben zu verreisen, wo doch ihr Sohn jetzt tot war?! Es brauchte viel, ihre Bedenken zu vertreiben.

Die große Aufgabe dieser Frau war, neu leben zu lernen, auch einmal etwas zu genießen, sich selbst wahrzunehmen. Nicht nur zu funktionieren.

Nach einem Jahr bekam ich eine Postkarte von einer Busreise.

Ich habe mich sehr gefreut. Es war schön zu sehen, dass die Frau nicht schwermütig und verbittert dem baldigen Tod entgegenging, sondern langsam auflebte und ihre neue Lebensaufgabe in Angriff nahm: Leben zu lernen.

Wir haben einen Gott des Lebens, der uns das Leben gönnt! Ich war froh, dass ich dem Wunsch der Patientin, die Krankensalbung zu empfangen, nicht vorschnell nachgegeben hatte. Sonst hätte die Lebensverweigerung noch weiter gebrütet.

* * *

Angesichts des Todes eines geliebten Menschen einen neuen Lebenssinn zu finden ist oft alles andere als leicht. Manchmal kommen Menschen nicht aus der Lebensverweigerung heraus; sie tun sich ungeheuer schwer, neu ins Leben aufzubrechen.

Die Frau brauchte nicht das Sakrament der Krankensalbung, denn das dient nicht als Besiegelung einer Lebensverweigerung. Es war wichtig, die Motivation hinter ihrem Wunsch zu entdecken.

Einen neuen Lebenssinn zu finden braucht in der Regel viel Geduld, Begleitung, Dasein und Aushalten. Es geht darum, in aller Behutsamkeit die Spur zu finden, um sich neues Leben zu erlauben, um aufzubrechen und Neuland zu betreten.

Das Wunder des Gebetes – manchmal anders als gedacht

Frau L., 32 Jahre jung, hatte vor ihrem Tod einen ganz eigenen Herzenswunsch: Sie wünschte sich, dass ihr Vater vom Alkohol loskommt und sich bekehrt. Viele belächelten diesen Wunsch. Sie selbst hatte einige Jahre zuvor zum Glauben gefunden. Die Beziehung zu Jesus war für die junge Frau Trost und Freude bis zum letzten Tag.

Sie starb, der Vater änderte sich nicht.

Einige Monate später wurde ich auf die Intensivstation zu einem Patienten gerufen. Die Ärztin sagte, der Mann habe so gut wie keine Überlebenschance. Die Ehefrau ließ sich nicht blicken, als die Ärztin bei ihr anrief, kam sie dann doch. Wir sprachen lange über das Alkoholproblem des Mannes. Sie wunderte sich nicht, dass es so schlecht um ihren Mann stand. Ich fragte vorsichtig, ob es wohl in seinem Sinne sei, ihm die Krankensalbung zu spenden. Die Frau verneinte harsch: „Nein, er ist ja nicht einmal zur Beerdigung der eigenen Tochter gegangen!" Die Wut darüber stand ihr ins Gesicht geschrieben.

Als die Frau gegangen war, kam mir die junge Frau in den Sinn, die vor ihrem Tod für ihren Vater gebetet hatte. Es war die Tochter.

Mir ließ die Situation keine Ruhe. Ich betete, ging in die Stille. Ich hatte den Eindruck, wir sollten doch für den Mann beten. Mein Gefühl sagte mir, dass es gut wäre, wenn er die Krankensalbung, vor allem als Bitte um Heilung verstanden, empfangen könnte. Ich verständigte den Kaplan.

Wider Erwarten starb der Mann nicht. Er wachte auf, kam auf Normalstation und war aggressiv auf Gott und die Welt, vor allem auf die „Pfaffen". Ein Gespräch war nicht möglich und auch nicht gewünscht.

Dann wurde ich ausgerechnet in sein Krankenzimmer gerufen, um einem Bettnachbarn die Krankenkommunion zu bringen. Für mich war es ein Spießrutenlaufen. Der Mann witzelte, machte blöde Kommentare. Da drehte ich mich zu ihm um und sagte: „Eines sag ich Ihnen: Ich habe Ihre Tochter im Sterben begleitet. Sie hatte nur einen einzigen Wunsch, den Wunsch, dass Sie noch mal die Kurve kriegen!" Dann wandte ich mich um und ging schnurstracks aus dem Zimmer.

Eine Woche später, nach der Abendmesse in der Krankenhauskapelle, traf ich ihn mit seiner Frau auf dem Gang. Wieder schoss er mich an, aber was er sagte, überraschte mich: „Ich hätte beichten wollen, aber es ist ja kein Pfarrer da!"

Ich sagte ihm: „In der Kapelle ist einer." Und zur Frau: „Bitte zeigen Sie ihm den Weg zur Kapelle." Ich drehte mich auf dem Absatz um und informierte den Pfarrer, der gerade heimgehen wollte. „Wenn dieser Mann wirklich kommt, dann nimm dir Zeit", bat ich ihn, „diese Gelegenheit kommt so schnell nicht wieder!"

Kaum zu glauben, „der Alki", wie sie ihn nannten, kam. Er nahm Lebensbeichte, Krankensalbung und Kommunion in Anspruch.

* * *

Die Wendung, die diese Geschichte nahm, würde man kaum für möglich halten. Ein Wunder des Gebetes der Tochter für ihren Vater, dachte ich spontan. Die Situation war völlig verfahren gewesen. Doch auch hier hat sich ein Weg geöffnet. Gegen alle medizinischen Prognosen ist der Vater nicht gestorben. Und dann hat er auch noch von sich aus das Angebot der Umkehr und Beichte angenommen!

Für mich war es eine eindrucksvolle Bestätigung, welche heilsame Kraft das Gebet haben kann. Nie und nimmer hätte ich damit gerechnet, dass in dieser Situation so etwas möglich wäre ...

Die befreiende Erfahrung der Vergebung

Ich sollte die Firmlinge auf die Beichte vorbereiten. Das Interesse bei den Jugendlichen ging gegen null.

Ich lud einen Junkie ein, der von seiner Erfahrung … mit der Beichte erzählte! Was er sagte und wie er sprach, war total beeindruckend und überzeugend. Er berichtete, wie ihn das Beichten entlastet und ihm zu einem Neuanfang verholfen habe. Die Kombination von Therapie, Beichte und Versöhnung war für ihn der Weg in ein neues Leben gewesen. Den Jugendlichen fielen fast die Kinnladen herunter. Schlagartig war die Beichte für die Firmlinge kein lästiges Muss mehr. Sie kamen alle, ohne dass ich sie wie sonst dreimal einladen musste. Einer erzählte mir später: „Ich war nach der Beichte so erleichtert … Ich konnte beim Fußballspielen powern wie noch nie – wow!" Er hatte erlebt, wie befreiend die Vergebung ist.

* * *

Ich bin überzeugt, dass wir in der Kirche mehr Selbstbekenntnisse brauchen, denn Zeugnisse sprechen den ganzen Menschen an. In ihnen zeigt sich, wie das Wort Gottes das eigene Leben verändert, wie eine persönliche Umsetzung aussehen kann. Neben der Wortverkündigung brauchen wir solche Beispiele!

Und was das Sakrament der Beichte betrifft, scheint mir, dass sie leider viel zu lange vor allem unter dem Gesichtspunkt der Moral gesehen wurde. Nicht darum geht es, sondern um die befreiende Wirkung der Versöhnung. Auch da ist nichts wirkungsvoller als das Zeugnis von Menschen, die das am eigenen Leib erfahren haben.

Ein Wort zum Schluss

Von vielen weiteren Erlebnissen könnte ich erzählen: Es ist unglaublich, was das Leben Menschen zumuten kann – und noch unglaublicher, was Gott aus jeder Situation machen kann.

Mehr denn je bin ich überzeugt: „Alles wirkliche Leben ist Begegnung" (Martin Buber). Gerade die Seelsorge lebt davon, wie in den geschilderten Erfahrungen wieder und wieder deutlich wurde. Sie braucht das Sich-Einfühlen auf Augenhöhe. Sie braucht den Blick für den ganzen Menschen. Nur so ist sie Seelsorge auf den Spuren Jesu: Er hat die Menschen *gesehen* – in ihren Nöten und in ihren Möglichkeiten; er ist ihnen wirklich begegnet – und so wurden viele heil und frei.

So sind wir Christen aufgerufen, den Menschen liebend die frohe Botschaft zu bringen: die entlastende, befreiende, frohe Botschaft des Evangeliums – zu den Menschen von heute. Wie immer sie sind. Wo immer sie stehen. Wer immer *wir* sind: Seelsorge kann ja nicht bloß von einem

Titel, einer Weihe, einem Studium abgeleitet werden. Sie zeigt sich im Tun, wird konkret in lebendigen Beziehungen, und manchmal sind es gerade die „einfachen Menschen", denen die Gabe der einfühlenden Seelsorge geschenkt ist. Immer wieder bin ich solchen Menschen begegnet.

Der Geist weht, wo er will! Wie eingangs gesagt: Erneuerung ist möglich – wenn wir uns seinem Wirken nicht in den Weg stellen.

Irmgard Miller

Herzlich danken möchte ich allen, die mich ermutigt haben, meine Erfahrungen aufzuschreiben, insbesondere denen, die mitgeholfen haben, dass dieses Buch zustande kommen konnte: Doris Vichtl-Jousma, Dagmar Schwabe, Beatrix Schuck und Ursula Oebel.

Aus dem Programm des Verlags Neue Stadt

Ermes Ronchi
DIE NACKTEN FRAGEN
DES EVANGELIUMS

192 S., geb., ISBN 978-3-7346-1112-4

Jesus liebte die Fragen. Sie können wichtiger sein als Antworten. Sie sind brisant und befreiend, für den Einzelnen wie für die Kirche.
Ein Bestseller, der Horizonte öffnet, voller »Anstöße, wieder uns selbst zu finden« (Papst Franziskus).

Annette Schleinzer
MADELEINE DELBRÊL – PROPHETIN
FÜR EINE ERNEUERTE KIRCHE
Impulse für Realisten

248 Seiten, gebunden, ISBN 978-3-7346-1329-6

Für alle, die sich Gedanken machen, wie es mit dem Glauben und der Kirche weitergeht: eine Quelle der Inspiration und der Hoffnung in Zeiten des Umbruchs – weil strukturelle Veränderungen allein nicht genügen.

www.neuestadt.com